재미있고 공부가 되는
어린이 고래

재미있고 공부가 되는
어린이 고래

초판 인쇄 2025년 07월 07일
초판 발행 2025년 07월 17일

지은이 콘텐츠랩
펴낸이 진수진
펴낸곳 혜민BOOKS

주소 경기도 고양시 일산서구 일산동 1093
출판등록 2013년 5월 30일 제2013-000078호
전화 031-911-3416
팩스 031-911-3417

* 본 도서는 무단 복제 및 전재를 법으로 금합니다.
* 가격은 표지 뒷면에 표기되어 있습니다.

재미있고 공부가 되는
어린이
고래

글·그림 콘텐츠랩

· 차례 ·

귀신고래	8
긴수염고래	12
대왕고래	16
밍크고래	20
보리고래	24
브라이드고래	28
흑등고래	32
남방참고래	36
북극고래	40
향유고래	44
쇠향고래	48
일각돌고래	52
흰고래	56

망치고래	…………………	60
북방병코고래	…………………	64
허브부리고래	…………………	68
혹부리고래	…………………	72
은행이빨부리고래	…………………	76
끈모양이빨고래	…………………	80
큰이빨부리고래	…………………	84
민부리고래	…………………	88
머리코돌고래	…………………	92
칠레돌고래	…………………	96
히비사이드돌고래	…………………	100
헥터돌고래	…………………	104
긴부리참돌고래	…………………	108

짧은부리참돌고래	112
큰코돌고래	116
대서양낫돌고래	120
흰부리돌고래	124
낫돌고래	128
홀쭉이돌고래	132
흰배돌고래	136
이리와디돌고래	140
범고래	144
범고래붙이	148
고양이고래	152
꼬마돌고래	156
혹등돌고래	160

알락돌고래	164
스피너돌고래	168
줄무늬돌고래	172
뱀머리돌고래	176
큰돌고래	180
남방큰돌고래	184
양쯔강돌고래	188
아마존강돌고래	192
상괭이	196
쥐돌고래	200
까치돌고래	204

귀신고래

분류	사는곳	크기	먹이
동물계 > 척삭동물문 > 포유류강 > 귀신고래과	한국, 일본, 중국, 미국 서부 등 북태평양 해역	몸길이 13~16미터	새우, 바다벼룩, 물고기 알, 작은 물고기 등

긴수염고래

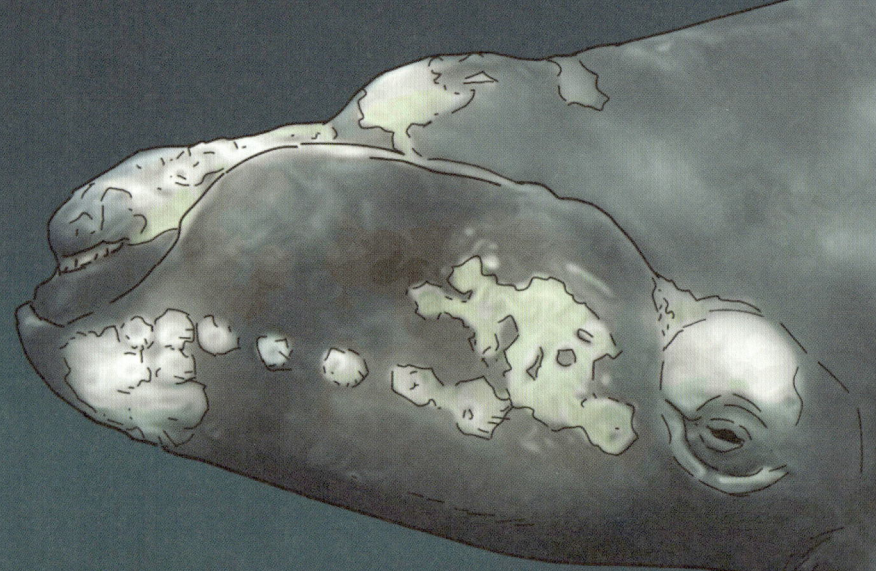

분류	사는곳	크기	먹이
동물계 > 척삭동물문 > 포유류강 > 긴수염고래과	전 세계 바다	몸길이 21~27미터	작은 물고기, 크릴, 새우, 오징어 등

대왕고래

분류	사는곳	크기	먹이
동물계 > 척삭동물문 > 포유류강 > 긴수염고래과	북태평양, 북대서양, 남극해	몸길이 24~33미터	크릴, 새우, 작은 물고기 등

밍크고래

분류	사는곳	크기	먹이
동물계 > 척삭동물문 > 포유류강 > 긴수염고래과	태평양 연안을 중심으로 한 세계 각지	몸길이 7~9미터	새우, 동물성 플랑크톤, 작은 물고기, 오징어 등

보리고래

분류	사는곳	크기	먹이
동물계 > 척삭동물문 > 포유류강 > 긴수염고래과	극지방과 열대지방을 제외한 전 세계 바다	몸길이 12~20미터	크릴, 새우, 동물성 플랑크톤, 정어리, 멸치 등

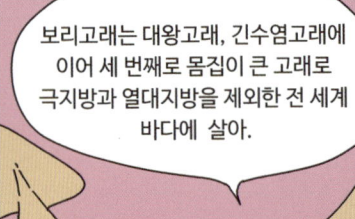

브라이드고래

분류	사는곳	크기	먹이
동물계 > 척삭동물문 > 포유류강 > 긴수염고래과	태평양을 중심으로 전 세계의 따뜻한 바다	몸길이 12~17미터	정어리, 멸치, 청어, 꽁치, 고등어, 새우 등

혹등고래

분류	사는곳	크기	먹이
동물계 > 척삭동물문 > 포유류강 > 긴수염고래과	지중해를 제외한 전 세계 바다	몸길이 11~16미터	군집을 이루는 물고기와 새우 등

남방참고래

분류	사는곳	크기	먹이
동물계 > 척삭동물문 > 포유류강 > 긴수염고래과	남반구 바다	몸길이 15~18미터	새우와 동물성 플랑크톤 등

북극고래

분류	사는곳	크기	먹이
동물계 > 척삭동물문 > 포유류강 > 긴수염고래과	북극해	몸길이 15~20미터	새우와 동물성 플랑크톤 등

향유고래

분류	사는곳	크기	먹이
동물계 > 척삭동물문 > 포유류강 > 향유고래과	전 세계	몸길이 12~20미터	오징어, 물고기 등

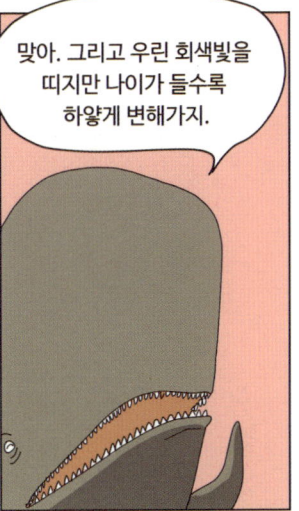

쇠향고래

분류	사는곳	크기	먹이
동물계 > 척삭동물문 > 포유류강 > 꼬마향고래과	전 세계 남북위 40도 사이의 바다	몸길이 2.2~3미터	오징어, 꼴뚜기, 문어, 낙지, 조개 등

일각돌고래

분류	사는곳	크기	먹이
동물계 > 척삭동물문 > 포유류강 > 긴이빨돌고래과	북극해	몸길이 4~5미터	새우, 게, 오징어, 작은 물고기 등

흰고래

분류	사는곳	크기	먹이
동물계 > 척삭동물문 > 포유류강 > 외뿔고래과	북극해, 베링해, 캐나다 북부 해역, 그린란드 주변 바다 등	몸길이 4.5~5.5미터	연어, 청어, 오징어, 새우, 게 등

망치고래

분류	사는곳	크기	먹이
동물계 > 척삭동물문 > 포유류강 > 부리고래과	베링해에서 미국 캘리포니아에 이르는 북태평양	몸길이 11~13미터	오징어, 새우, 게, 물고기 등

북방병코고래

분류	사는곳	크기	먹이
동물계 > 척삭동물문 > 포유류강 > 부리고래과	북대서양	몸길이 7~9미터	심해 물고기와 오징어 등

허브부리고래

분류	사는곳	크기	먹이
동물계 > 척삭동물문 > 포유류강 > 부리고래과	북태평양	몸길이 4.5~5.5미터	오징어 등 연체동물

혹부리고래

분류	사는곳	크기	먹이
동물계 > 척삭동물문 > 포유류강 > 부리고래과	카리브해, 바하마 해역, 멕시코만을 비롯한 전 세계	몸길이 4.4~6미터	오징어, 새우, 게, 물고기 등

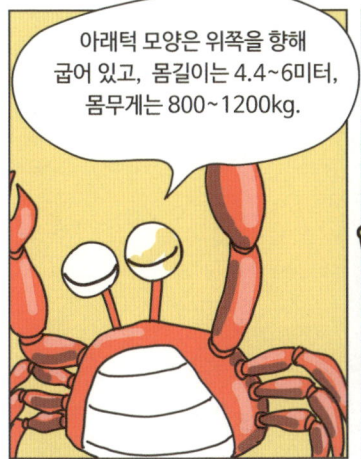

은행이빨부리고래

분류	사는곳	크기	먹이
동물계 > 척삭동물문 > 포유류강 > 부리고래과	인도양과 태평양	몸길이 4.7~5미터	오징어, 새우, 게 등

끈모양이빨고래

분류	사는곳	크기	먹이
동물계 > 척삭동물문 > 포유류강 > 부리고래과	남아프리카 해역, 오스트레일리아, 뉴질랜드 등	몸길이 5.5~6.2미터	오징어, 새우, 게, 심해 물고기 등

큰이빨부리고래

분류	사는곳	크기	먹이
동물계 > 척삭동물문 > 포유류강 > 부리고래과	북태평양 북쪽 해역	몸길이 5~5.5미터	오징어, 작은 물고기 등

민부리고래

분류	사는곳	크기	먹이
동물계 > 척삭동물문 > 포유류강 > 부리고래과	전 세계 먼 바다	몸길이 5~7.5미터	오징어, 물고기, 새우, 게 등

머리코돌고래

분류	사는곳	크기	먹이
동물계 > 척삭동물문 > 포유류강 > 참돌고래과	남대서양, 남인도양	몸길이 1.1~1.5미터	작은 물고기, 오징어 등

칠레돌고래

분류	사는 곳	크기	먹이
동물계 > 척삭동물문 > 포유류강 > 참돌고래과	칠레 연안	몸길이 1.2~1.9미터	오징어, 문어, 새우, 게, 조개, 정어리, 멸치 등

히비사이드돌고래

분류	사는곳	크기	먹이
동물계 > 척삭동물문 > 포유류강 > 참돌고래과	남아프리카 연안	몸길이 1.3~2미터	작은 물고기, 오징어, 조개 등

헥터돌고래

분류	사는곳	크기	먹이
동물계 > 척삭동물문 > 포유류강 > 참돌고래과	뉴질랜드 연안	몸길이 1.2~1.5미터	오징어, 새우, 게, 조개, 물고기 등

긴부리참돌고래

분류	사는곳	크기	먹이
동물계 > 척삭동물문 > 포유류강 > 참돌고래과	서아프리카, 남아프리카, 멕시코, 페루, 동아시아 해역	몸길이 1.9~2.5미터	물고기, 오징어, 새우 등

짧은부리참돌고래

분류	사는곳	크기	먹이
동물계 > 척삭동물문 > 포유류강 > 참돌고래과	인도양을 제외한 전 세계의 따뜻한 바다	몸길이 1.8~2.6미터	작은 물고기, 오징어 등

큰코돌고래

분류	사는곳	크기	먹이
동물계 > 척삭동물문 > 포유류강 > 거두고래과	전 세계의 따뜻한 바다	몸길이 3.3~4미터	오징어 등

대서양낫돌고래

분류	사는곳	크기	먹이
동물계 > 척삭동물문 > 포유류강 > 참돌고래과	북대서양	몸길이 2.5~2.8미터	작은 물고기, 오징어 등

흰부리돌고래

분류	사는곳	크기	먹이
동물계 > 척삭동물문 > 포유류강 > 참돌고래과	그린란드, 북아메리카, 북유럽 해역	몸길이 2.7~3미터	물고기, 오징어, 새우, 게 등

낫돌고래

분류	사는곳	크기	먹이
동물계 > 척삭동물문 > 포유류강 > 참돌고래과	북태평양	몸길이 1.8~2.5미터	정어리, 멸치, 청어, 연어, 오징어 등

홀쭉이돌고래

분류	사는곳	크기	먹이
동물계 > 척삭동물문 > 포유류강 > 참돌고래과	북태평양	몸길이 2.3~3.1미터	작은 물고기, 오징어 등

흰배돌고래

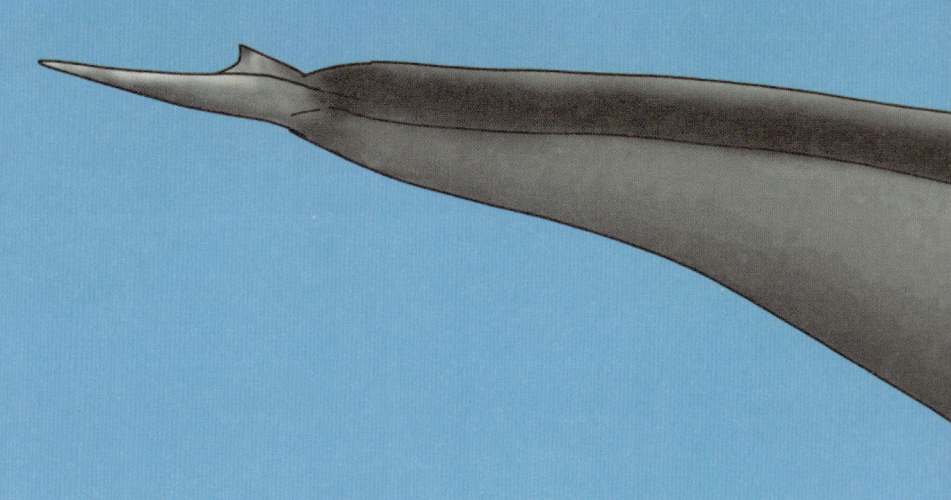

분류	사는곳	크기	먹이
동물계 > 척삭동물문 > 포유류강 > 참돌고래과	아프리카 남부, 남아메리카, 뉴질랜드 해역 등	몸길이 1.8~2.5미터	작은 물고기, 오징어, 문어, 새우 등

이라와디돌고래

분류	사는곳	크기	먹이
동물계 > 척삭동물문 > 포유류강 > 강거두고래과	인도양과 오스트레일리아 해역, 인도차이나의 하천 등	몸길이 2~2.8미터	물고기, 새우, 게, 조개 등

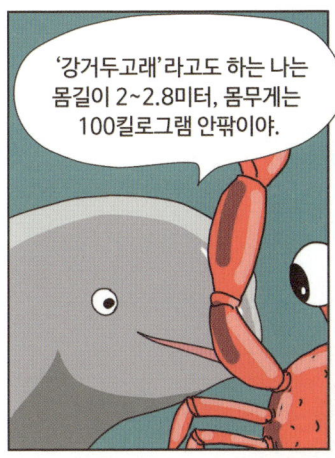

범고래

분류	사는곳	크기	먹이
동물계 > 척삭동물문 > 포유류강 > 참돌고래과	전 세계	몸길이 8~10미터	물고기, 오징어, 물개, 바다표범, 상어, 고래 등

범고래붙이

분류	사는곳	크기	먹이
동물계 > 척삭동물문 > 포유류강 > 참돌고래과	전 세계의 따뜻한 바다	몸길이 4.5~6미터	물고기, 오징어, 작은 고래 등

고양이고래

분류	사는곳	크기	먹이
동물계 > 척삭동물문 > 포유류강 > 참돌고래과	전 세계의 따뜻한 바다	몸길이 2.3~2.8미터	물고기, 오징어 등

꼬마돌고래

분류	사는곳	크기	먹이
동물계 > 척삭동물문 > 포유류강 > 참돌고래과	중앙아메리카와 남아메리카 해안, 아마존강 등	몸길이 1.3~2.1미터	바다와 민물의 물고기, 오징어, 새우 등

혹등돌고래

분류	사는곳	크기	먹이
동물계 > 척삭동물문 > 포유류강 > 참돌고래과	대서양, 인도양, 태평양	몸길이 2~2.5미터	물고기, 오징어, 새우 등

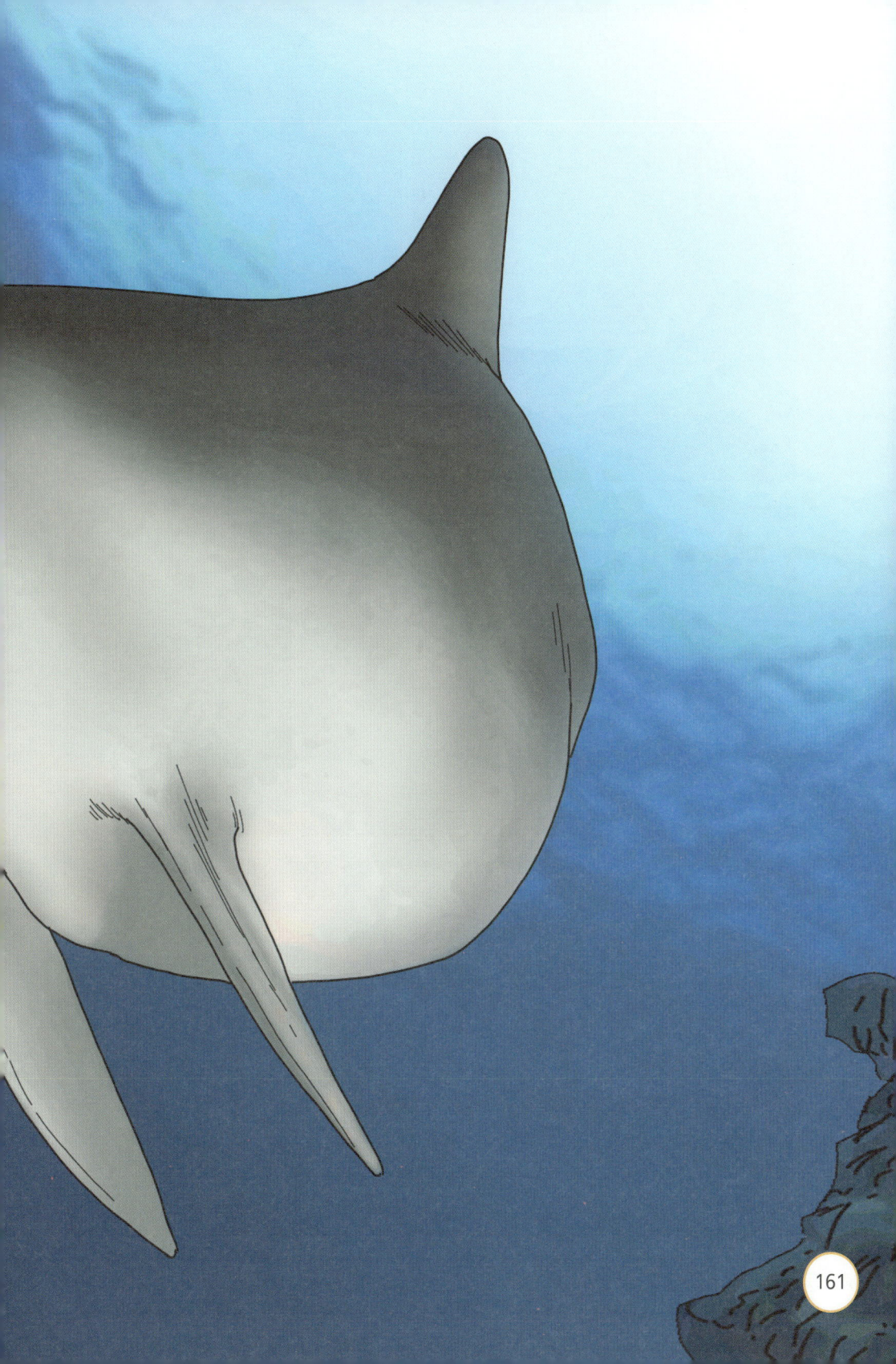

알락돌고래

분류	사는곳	크기	먹이
동물계 > 척삭동물문 > 포유류강 > 참돌고래과	태평양, 대서양, 인도양	몸길이 2~2.3미터	청어, 날치, 꽁치, 오징어 등

스피너돌고래

분류	사는곳	크기	먹이
동물계 > 척삭동물문 > 포유류강 > 참돌고래과	전 세계 열대와 아열대 바다	몸길이 1.2~2미터	물고기, 오징어, 새우 등

줄무늬돌고래

분류	사는곳	크기	먹이
동물계 > 척삭동물문 > 포유류강 > 참돌고래과	전 세계의 따뜻한 바다	몸길이 1.8~2.7미터	물고기, 오징어, 문어, 새우, 게 등

뱀머리돌고래

분류	사는곳	크기	먹이
동물계 > 척삭동물문 > 포유류강 > 참돌고래과	전 세계의 열대와 아열대 바다	몸길이 2.2~2.9미터	물고기, 오징어, 새우 등

큰돌고래

분류	사는곳	크기	먹이
동물계 > 척삭동물문 > 포유류강 > 참돌고래과	태평양을 중심으로 전 세계의 따뜻한 바다	몸길이 2.5~3.8미터	물고기, 오징어, 새우 등

남방큰돌고래

분류	사는곳	크기	먹이
동물계 > 척삭동물문 > 포유류강 > 참돌고래과	인도양, 서태평양, 홍해 등	몸길이 2.2~3.3미터	물고기, 오징어, 새우 등

양쯔강돌고래

분류	사는곳	크기	먹이
동물계 > 척삭동물문 > 포유류강 > 강돌고래과	중국 양쯔강	몸길이 2.2~2.5미터	물고기 등

아마존강돌고래

분류	사는곳	크기	먹이
동물계 > 척삭동물문 > 포유류강 > 강돌고래과	아마존강	몸길이 1.8~2.6미터	물고기, 게, 조개, 거북이 등

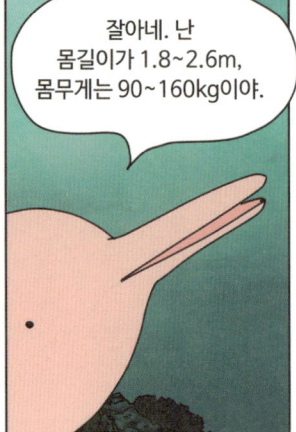

상괭이

분류	사는곳	크기	먹이
동물계 > 척삭동물문 > 포유류강 > 쇠돌고래과	서태평양, 인도양, 페르시아만	몸길이 1.5~1.9미터	전갱이, 멸치, 정어리, 주꾸미, 꼴뚜기, 새우 등

쥐돌고래

분류	사는곳	크기	먹이
동물계 > 척삭동물문 > 포유류강 > 쇠돌고래과	북반구의 태평양과 대서양	몸길이 1.5~2미터	꽁치, 청어, 대구, 오징어, 새우, 게 등

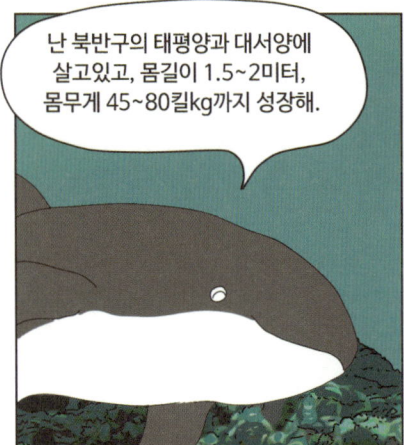

까치돌고래

분류	사는곳	크기	먹이
동물계 > 척삭동물문 > 포유류강 > 쇠돌고래과	북태평양	몸길이 2.2~2.5미터	물고기, 오징어, 새우, 게 등